Herstellung: Manfred Neugebauer

ISBN 3 7152 0332 2
Gedruckt auf chlorfrei gebleichtem Papier

DER KLEINE SIEBENSCHLÄFER UND SEINE VERWANDTEN

Ruth-Cécile Hürlimann

Ein Atlantis Kinderbuch im
Verlag Pro Juventute

Sieben Monate hat der kleine Siebenschläfer unter dem Boden in seiner Winterwohnung geschlafen. Jetzt ist der Frühling gekommen. Vorsichtig klettert der Siebenschläfer aus seiner Höhle und wärmt sich an der Frühlingssonne.
Er ist noch ein bißchen schlaftrunken.

Dann hat der Siebenschläfer Hunger.
Schnell klettert er auf einen Baum,
um Vogeleier zu suchen. Schon hat er
die Leckerbissen entdeckt und verspeist
sie mit Hochgenuß.

Nach diesem ersten Frühstück richtet er sich in einer verlassenen Spechthöhle ein gemütliches Sommernest ein. Tagsüber schläft er, aber am frühen Abend kommt er wieder hervor und sucht nach Beeren, Nüssen, Eicheln und anderen guten Sachen.

Auch der Gartenschläfer hat sieben Monate geschlafen. Allerdings nicht in der Erde wie sein Verwandter, der Siebenschläfer, sondern unter dem Dach eines Gartenhauses.
Nun sitzt er in einem Blumenbeet und reibt sich seine verschlafenen Äuglein.

In der Astgabel eines Haselnußstrauches sitzt eine andere Verwandte der beiden, die Haselmaus. Sie ist ebenfalls aus ihrem Winterschlaf erwacht und piepst vergnügt, weil sie drei dicke Nüsse vom vergangenen Herbst an einem Strauch entdeckt hat.

«Grüß dich, Haselmaus!» ruft
ihr der Siebenschläfer zu.
«Guten Abend, Siebenschläfer!»
gibt die Maus zurück. «Suchst
du zufällig Nüsse? Hier hat es
jede Menge davon!»

Während sie so dasitzen und Nüsse knacken, raschelt es plötzlich unter ihnen. Sie erschrecken und lassen beinahe ihre Nüsse fallen. Eine kleine spitze Nase kommt zum Vorschien.
«Der Gartenschläfer!» ruft die Haselmaus.
«Hast du uns aber Angst gemacht!»
«Oh, Entschuldigung, das wollte ich nicht», antwortet schüchtern der Gartenschläfer.

Kaum haben sich Haselmaus, Gartenschläfer
und Siebenschläfer gemütlich hingesetzt,
kommt eine andere Maus angerannt und
ruft: «Vorsicht, eine Katze! Rette sich, wer
kann!»
Und schon ist sie wieder weg.

Blitzschnell verstecken sich die drei unter einem großen Stein. Die Katze kommt näher. Sie zittern vor Angst und halten sich mucksmäuschenstill. Die Katze hat es aber nur auf die Maus abgesehen und geht vorbei. Noch einmal Glück gehabt…

Jeden Abend treffen sich nun unsere Freunde, genießen die warme Jahreszeit und vor allem die köstlichen Beeren und Nüsse. Alle drei sind inzwischen kugelrund geworden.

An einem kühlen Herbsttag beginnt die Haselmaus, Laub und Moos zusammenzutragen, um sich ihre Winterwohnung einzurichten. Sie nimmt Abschied von ihren beiden Vettern, gräbt sich ein und deckt sich zu. Und schon ist sie nicht mehr zu sehen.

Der Gartenschläfer hat sich entschlossen, beim Siebenschläfer zu überwintern, denn da ist es gemütlich, und Platz hat's auch genug. Schon decken auch sie sich zu, rollen sich zusammen und schlafen tief und fest. Vielleicht träumen sie von knackigen Nüssen und leckeren Beeren, und manchmal vielleicht auch von der Katze...